Alexander Bálly
Sieben Tage
Oslo

Alexander Bálly

Sieben Tage Oslo
eine Reiseimpression

Impressum

© by Alexander Bálly 2023

Herstellung und Verlag: BoD – Books on Demand, Norderstedt

Bibliografische Information der Deutschen Nationalbibliothek: Die Deutsche Nationalbibliothek verzeichnet diese Publikation in der Deutschen Nationalbibliografie; detaillierte bibliografische Daten sind im Internet über dnb.dnb.de abrufbar.

Bildnachweise am Ende des Buches.

ISBN: 978 3 7347 1715 4

Für Alexandra, Jan,
Nele und besonders
für Tom,
der vermutlich recht hatte,

in großer Dankbarkeit.

Vor der Reise

Endlich ausgestempelt,
die letzte Überstunde
wird registriert.
Feierabend!
Müde, erschöpft
an Körper und Seele
krieche ich heim.
Falle ins Bett.
Die letzte Woche,
Arbeit und Infekt,
sie haben geschlaucht.
Nun ist es überstanden.
Es geht mir besser.
Keine Cola mehr und keine Salzstangen.
Ich wage es.
Auf nach Oslo!
Morgen noch Kofferpacken
und dann geht es los!
Für Vorfreude fast zu müde.
Fast …

Hinflug und ein gelber Engel

Als ich den Flug nach Oslo antrat, war ich nicht gerade fit. Die letzten Arbeitstage waren stressig und ein Darminfekt kam noch dazu. Ich hatte schlecht geschlafen und fühlte mich noch reichlich schlapp. Am Reisetag war ich wieder früh aufgestanden, musste meinen Koffer mehrfach umpacken, bis ich nichts mehr dabei hatte, was die Luftfahrt auch nur annähernd gefährden kann, und ich alle Regularien für das Gepäckgewicht einhielt.

Dann brachte mich mein Sohn an den Flughafen. Viel zu früh, aber er musste ja zur Arbeit. So vertrieb ich mir meine Zeit, sechs Stunden immerhin, im Münchner Terminal 2, wo ich an verschiedenen Orten herumsaß und die Leute beobachtete.

Zu sehen gab es allerhand. Doch die Sitzgelegenheiten waren bestenfalls akzeptabel. Sie „bequem" zu nennen, bringe ich nicht über mich. Am frühen Abend saß ich eineinhalb Stunden auf einem niederen Podest gegenüber dem Duty-free-Shop, wo Audi für Werbezwecke sein neuestes SUV aufgestellt hatte. Diese 20 Zentimeter hohe Plattform fand mein Hintern bequemer als die wenigen Sitzbänke. Dann endlich im Flieger - zwei weitere Stunden sitzen. Aber der Sessel war weich und angenehm und ich saß sogar allein in der Reihe. Dennoch war ich inzwischen so verspannt, dass ein relaxtes Sitzen mir nur für kurze Phasen gelingen wollte.

Für Stunden unbequem auf dem Hintern zu hocken, ist auf eine ganz eigene Art anstrengend und ermüdend. So war ich nicht gut drauf, als der Flieger in Oslo landete. Auch mein linker Arm schmerzte. Den hatte ich mir ein paar Wochen zuvor gebrochen und er meldet sich seither zuverlässig mit dumpfem Schmerz bei jeder Form der Überlastung. Nun tat er dauerhaft weh. Nicht ernsthaft peinigend, aber beständig mahnend und nachdrücklich Ruhe einfordernd. Ich wartete, bis die Mehrheit der Passagiere die Röhre des Flugzeugs verlassen hatte, dann nahm ich meinen Koffer unter Protesten meines Arms aus dem Gepäckfach und strebte dem Ausgang zu. Der war hinten im Flugzeug. Ich trat an die Tür und seufzte.

„Auch das noch!"

Hier hinten hatte man eine Gangway an den Rumpf gefahren, eine Treppe. Es nieselte. Ich war verspannt, steif und müde. Also nun auch noch Treppensteigen. Da auf eine meiner Hände kein Verlass war, hielt ich mich mit der „guten Hand" fest, stieg vorsichtig zwei Stufen hinab, ließ dann los und hob schließlich den Koffer zu mir herunter. Nun konnte ich die nächsten zwei Stufen in Angriff nehmen.

Wie ich mich da im Schneckentempo die nasse Konstruktion herab quälte, bemerkte eine junge Frau vom Bodenpersonal in quietschgelber Montur meine Not. Sie sprang behände die Gangway hoch und nahm mir den Koffer ab. Ruckzuck war mein Gepäck unten und im Treppenturm gegenüber hinaufgetragen.

Das war mein erster Kontakt mit Norwegern. Ich dankte ihr überschwänglich. Sie war mein gelber Engel in Oslo.

Norwegen hat mich aufs Herzlichste empfangen.

Angekommen

Mit Liebe begrüßt
und in jeglicher Hinsicht
herzlich aufgenommen,
an Leib und Seele gestärkt,
falle ich selig ins Bett.

Ich werde
ganz unkompliziert
ins Familienleben eingebaut,
bin kein „Besuch".
Kein Aufhebens - herrlich!

Wie zu Haus
fühle ich mich hier,
benehme mich aber besser,
bin dankbar für diese
Gastfreundschaft.

Holmenkollen

Der Sonntagvormittag, mein erster Morgen in Norwegen, ist herbstlich trüb. Oslo wirkt träge und ruhig, nicht unfreundlich, nur grau und ein wenig zerknittert, so wie der Mensch, den ich nach dem Schlafen im Badezimmerspiegel sehe.
Wir fahren stetig bergauf und die Stadt wirkt immer noch nicht ausgeschlafener, doch liegt es vielleicht auch nur an meinem Blick. Man erkennt nun, dass die Grundstücke größer werden, die Häuser verspielter. Immer wieder schmückt sich eines mit einem neckischen Türmchen. Keine Arme-Leute-Gegend - ganz im Gegenteil. Plötzlich laufen neben uns Gleise - die Vorortbahn. Und dann wird es mit einem Mal lebhafter. Viele Leute streben demselben Ziel zu: Der Sportanlage auf dem Holmenkollen, wo die erste Sprungschanze der Welt gebaut wurde. Eine Kurve noch, dann

sehe ich den imposanten Nachfolger: Die Schwerkraft verspottend ragt der Sprungturm steil und ohne Stützen schräg nach oben ins Nichts, eine Himmelsleiter aus Stahl. Am Fuß des Turmes der Bakken und darunter der Abgrund des Sprunghügels, den man als einen Tobel tief in die Landschaft gegraben hat, um den Tribünen und dem Gegenhang Platz zu bieten. Vor der Anlage sind weitere Sportanlagen, die im Winter für Langlauf und Biathlon genutzt werden. An diesem Sonntagmorgen flitzen hier vor allem Rollskifahrer über den Asphalt.

Es geht um den Tobel herum und wir kommen zum Eingang des Sprungturms. Gegen Entgelt kann man nach oben fahren. Zuvor aber führt einen der Weg durch ein Skimuseum, dessen Rückwand der blanke Granit des Berges ist. Ich beginne zu ahnen, wieso der Turm so steil und schräg aufragen kann: In diesem Fels kann er sicher verankert werden. Die Kabine des

Schrägaufzugs ist verglast und zeigt uns die filigrane Stahlkonstruktion der kühnen Rampe.

Dann sind wir oben und an der Brüstung. Eine Menschentraube blickt leise schaudernd in den Abgrund, froh, sich hier nicht herunterstürzen zu müssen. Rechts neben uns machen genau das einige Adrenalin-Junkies, die sich an ein paar Seilrollen schnallen lassen, um damit auf einem Stahlseil in die Tiefe zu sausen. Schreiend und quietschend werfen sie sich ins Nichts, um sich nach knapp 30 Sekunden am oberen Rand des Gegenhangs mit vermutlich butterweichen Knien wieder losschnallen zu lassen.

Wir wenden uns ab, steigen noch ein paar Stufen hoch und nun bin ich endgültig überwältigt: Hier auf dem Dach der Schanze sieht man nicht mehr die Sportanlage. Hier ist der Blick in jeder Richtung frei und es offenbart sich die eigentliche Sensation: das Panorama. Auf drei Seiten eine

Berglandschaft wie aus dem Bilderbuch: herbstlich bunte Höhen, ein tiefblauer See dazwischen und schmucke Häuschen, die wie über sie Szene hingestreut erscheinen. Im Süden aber vor uns der Fjord, unter Wolken, durch die an verschiedenen Stellen die Sonne bricht und die Szene in ein goldenes Licht taucht. Davor die Stadt und der Hafen. Ich erkenne ein großes Fährschiff und ein paar Boote, die über das spiegelnde Wasser fahren. Links ahnt man die alte Feste, Akershus, gegenüber die Halbinsel Nesodden, rechts, auf unserer Seite des Wassers eine weitere Halbinsel, Bygdøy, auf der sich viele Museen versammeln.

Ich nehme all die fremd klingenden Namen in mir auf. Noch kann ich sie mir nicht merken, ahne noch nicht, wie rasch sie mir vertraut sein werden.

Die Landschaft hat eine Weite, die ich nicht erwartet hatte und ist von überwältigender Schönheit. Ich mag mich gar nicht sattsehen an dieser Aussicht, trinke sie mit den Augen und grabe sie tief in mein Gedächtnis. So Oslo kennenzulernen – mit diesem zauberhaften Über- und Ausblick – das ist wohl schwer zu überbieten.

Geöffnet täglich
    von Juni bis August 9-20 Uhr.
    im Mai und September von 10-17 Uhr.
    von Oktober bis April von 10-16 Uhr.

Der Oslofjord

Ich kam recht unvorbereitet nach Oslo, nicht zufällig, sondern um die Stadt und die Landschaft auf mich wirken zu lassen. Dennoch hatte ich natürlich gewisse Bilder im Kopf, vor allem dank Hollywood.

Fjord, das heißt, so dachte ich, Berge, die steil zum Wasser abfallen und gerade mal einen kleinen Uferstreifen freigeben, breit genug für Kirk Douglas und Tony Curtis, um sich an die Gurgel zu gehen. Dass es so nicht sein würde, dass ein Wikingerschinken aus Hollywood nicht die Blaupause für meine Reise sein konnte, war mir klar, doch ich staunte, wie völlig anders sich dieser Fjord darbot, wie schön, weit und abwechslungsreich. Ich gestehe es: Ich sah ihn und war schockverliebt.

Dieser Fjord hat nichts Enges, nichts Steiles, ist keiner der spektakulären Schöpfungen, auf die Slarti Bartfaß[1] so stolz war. Geologisch ist der Oslofjord älter. Seine Kanten und Spitzen sind vom glazialen Hobel der Zeit schon ziemlich abgetragen. Er ist heute ein weiter Meeresarm, der beinahe wie ein großer Binnensee wirkt. Wie der Plattensee zum Beispiel. Das Panorama der Berge rückt nicht ans Ufer heran, sondern bleibt im Hintergrund. Und doch ist der Fjord ganz anders, denn das Land ist felsig. So gibt es Dutzende, wenn nicht gar Hunderte von Schäreninseln, größere, kleine und winzige. Es sind meist flache granitene Buckel mit etwas Waldpelz oder auch ohne. Viele sind bebaut. Manche stehen voller idyllischer Sommerhäuser, andere sind dauerhaft bewohnt. Längst nicht alle werden von den Fähren angefahren. Private Bootsstege sind so am Ufer nichts Außer-

---

[1] Slarti Bartfass ist ein genialer Konstrukteur, den uns Douglas Adams in der Anhalter-Trilogie vorstellt. Er erschuf unsere Welt für ein Langzeitexperiment, war insgesamt sehr zufrieden mit ihr, doch auf die Norwegischen Fjorde war er besonders stolz.

gewöhnliches. Wie es sich wohl wohnt und lebt in einem Idyll, wo man alles vom Laib Brot bis zum Küchenherd mit dem eigenen Schiffchen holen muss? Ob man sich daran gewöhnt, dass der Schulweg bei Sonne wie bei Sturm und Regen mit einer Fahrt im kleinen offenen Motorboot beginnt und wieder endet?

Ebbe und Flut im Fjord sind hier hinten in Oslo, mehr als 100 Kilometer von der Mündung entfernt, kaum mehr spürbar. Der Tidenhub beträgt nur 20 cm. Ich erlebte das Wasser bei Windstille bei strahlendem Sonnenschein - von der denkbar freundlichsten Seite und für ein Meeresufer ganz ungewohnt zahm, spiegelglatt und ohne Dünung.

Ich erlebte es auch bei Wind. Die Wasserfläche bietet den Elementen zwar genügend Anlauf für Schaumkronen und kabbelige, kurzgetaktete Wellen, dennoch ist es wohl ein durchaus freundlicher Teil der Nordsee. Die Seekarte von Gerad von Keulen aus dem 18. Jahrhundert verzeichnet den Oslofjord als „t soen water" – das schöne Wasser. Dem ist nichts weiter hinzuzufügen.

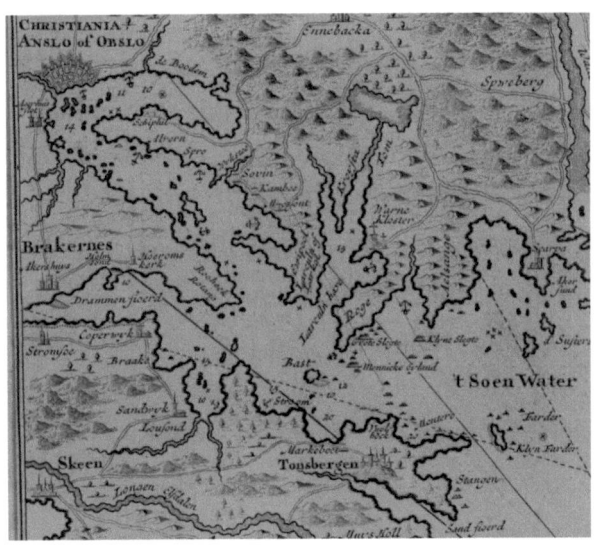

Im Vorortzug unterwegs

Wer nach Oslo fliegt, ist meist auf den öffentlichen Nahverkehr angewiesen. Der funktioniert hier hervorragend, aber man staunt doch, denn Nahverkehr präsentiert sich hier ein wenig anders als man es aus Deutschland gewohnt ist.

Schon das Lösen des Tickets ist bemerkenswert. Ohne Kreditkarte ist man aufgeschmissen. Man zahlt hier fast alles unbar und ich frage mich leise, was das für Bettler und Straßenmusikanten bedeutet. Man kann mit der Kreditkarte auch am Bahnhof oder im Bus ein Ticket kaufen, doch fast alle nehmen den Online-Rabatt mit, immerhin 10 %, den die sympathisch einfache App gewährt, bei der die Daten der Kreditkarten hinterlegt sind.

In Norwegen ist ein Smartphone überlebenswichtig. Jeder bucht seinen Fahrschein ganz einfach mit der App auf dem Handy.

Das Buchen ist so leicht, dass nicht einmal ich etwas falsch machen kann. Postwendend bekommt man das Ticket mit ein paar netten Worten in der App als QR-Code angezeigt. Nun beginnt ein Countdown. Je nach Strecke variiert die Frist, die man hat, um sein Ziel zu erreichen. Die Zeitspanne ist aber großzügig berechnet. Ich habe mich nie unter Druck gesetzt gefühlt.

Zur Pünktlichkeit will ich nicht viel sagen. Meine wenigen Fahrten sind sicher kein belastbares Vergleichsmaterial. Doch alle Züge, mit denen ich fuhr, waren zur versprochenen Minute am Bahnhof. Was ich aber sehr wohl vergleichen kann, ist die Sauberkeit. Innen ebenso wie außen. Und da schneiden wir in Deutschland schlecht ab.

Wer bei uns Bahn fährt, kann froh sein, wenn die Graffitis nur draußen an der Bahnstrecke entlang an Mauern prangen. Hier gibt es zwar auch welche, aber sie sind weit seltener. Und entdeckt man eines, meint man fast, einen Gruß aus der Heimat entdeckt zu haben. Überhaupt sind Graffitis im Stadtbild fast komplett abwesend. Ein Zustand, an den ich mich gewöhnen kann.

Und die Züge? Sie erscheinen bestens gepflegt, sauber, fast gemütlich. Filzstiftschmierereien und Tags? Fehlanzeige. Zerschlitzte Sitze oder bis zur Undurchsichtigkeit zerkratzte Fensterscheiben? Das ist hier gar nicht vorstellbar, glaube ich. Die Bahn wird hier offenbar in ganz anderer Weise geschätzt als bei uns. Das hat weitreichende Wirkungen. Man spürt hier das Bemühen, den Servicegedanken hochzuhalten und weiter auszubauen. Steckdosen unter den Sitzen sind eine Selbstverständlichkeit, ebenso Klapptische.

Auch die Zeitungsablagen an der Tür sind da eine ganz einfache Maßnahme und dennoch bemerkenswert. Wer seine Zeitung ausgelesen hat, kann sie zusammenrollen und in einer länglichen Box neben dem Mülleimer ablegen. So ausgewildert steht sie dann den nachfolgenden Reisenden zur Lektüre frei und landet nicht als Einstreu auf dem Boden, wie ich es so oft in der Münchner S-Bahn erlebt habe.

Es gibt in den Wagen sogar Snack- und Kaffeeautomaten. Einfach so. Man zieht sich einen Pappbecher aus dem Magazin, hängt ihn ein und bekommt gegen Vorhaltung der Kreditkarte ein Heißgetränk seiner Wahl. Unglaublich! Man male sich bitte aus, wo in Deutschland überall die Pappbecher zu finden wären! Hier klappt es hervorragend. Nichts wird herumgeworfen, verschmiert oder mutwillig beschädigt. Kommt man aus Deutschland, schlackert man mit den Ohren.

Wichtiger aber noch für den Eindruck und die Atmosphäre des Zugfahrens ist der Umgangston. Fahrkartenkontrollen werden nicht in bärbeißiger Ruppigkeit durchgeführt. Man belfert die Reisenden nicht an: „DIE FAHRSCHEINE bitte!" Man fragt freundlich und mit liebenswürdiger Gelassenheit. Ob sich das auf die Reisenden überträgt oder ob sie von Haus aus schon gelassener sind, weiß ich nicht. Nach Aussage meiner Gastgeber wird hier auch kaum schwarz gefahren. Man ist stolz auf einen tollen öffentlichen Nahverkehr, benutzt ihn gerne und ist bereit, dafür zu bezahlen.

Billig ist er auch hier nicht, doch die Preisstruktur in Norwegen ist ohnehin auf einem höheren Level. Das Bahnfahren ist dennoch erschwinglich. Auch für mich. Und es ist in vielfacher Hinsicht angenehmer.

Tipp:
Fahrkarten bekommt man über die App „Router". Einfach downloaden und stets das geladene Smartphone dabei haben!

Montag – Sonne – Fjord

Manches fügt sich einfach in idealer Weise. So konnte ich nur an einem der Tage eine Rundfahrt über den Fjord machen und just an diesem Tag war der einzige komplett strahlende Tag der Woche.

Meine Nichte und ich begaben uns also an diesem Montag zum Platz hinter dem Rathaus, an der Honnørbrygga, dem Ort, an dem Kaiser Wilhelm II. bei seinem Besuch der Stadt an Land ging. Für die Norweger wichtiger aber ist, dass hier König Haakon VII. nach seinem britischen Exil während des Zweiten Weltkriegs wieder sein Land betrat. Es ist ein sehr schöner und weitläufiger Platz mit vielen Bänken und einer prächtigen Aussicht.

So saßen wir da ein gemütliches Stündchen unweit des Nobel-Friedenszentrums und sahen dem Leben in Oslo zu. Es war höchst vergnüglich. Hinter uns läuteten regelmäßig die Glocken des Rathauses, vor uns eine einzelne Glocke unregelmäßig – die verstoßene Glocke.

Dann war es aber Zeit, sich für die Fjordtour an Bord zu begeben. Es war ein umgebauter alter Schoner mit gestutzten Masten. Wir fuhren ja unter Diesel. Dennoch war es ein Erlebnis, auf einem 75 Jahre alten Holzschiff über das spiegelglatte Wasser des Fjords zu gleiten.

Das Wetter lockte viele zur Tour und so war das Deck voll. Wir hatten dennoch ein paar schöne Plätze und schon ging es los. Zuerst eine Art Hafenrundfahrt mit Blick auf die Oper und eine Vielzahl moderner Gebäude, ein paar alte Sehenswürdigkeiten und bemerkenswerte, alte Industrie-und Hafenanlagen. Doch bald schon ging es hinaus … aufs weite, klare Wasser des Fjords.

Die Innenstadt blieb zurück und auch ihre Geschäftigkeit und ihr Tosen. Es wurde ruhiger, auch auf dem Deck. So fuhren wir durch den zauberhaften Schärengarten, teilweise sehr dicht an kleinen Eilanden vorbei, passierten die Insel Gressholmen, wo Oslos erster Verkehrsflughafen war – nur für Wasserflugzeuge. Weiter ging es zur Halbinsel Nesodden, einem großen Höhenrücken, der weit in den Fjord hineinragt, ihn in den inneren und äußeren Fjord teilt und über den ein Riese mit weitem Schwung Unmengen der entzückendsten, knallbunten Häuschen hingestreut zu haben scheint. Am Ufer dann eine weitere Reihe dieser Häuschen, nur noch einmal kleiner: Es sind Badehäuschen, die zu verschiedenen Zeiten auch Schmuggler zur illegalen Einfuhr von Alkohol genutzt haben.

Quer über das Wasser des Fjords ging es dann zurück, wieder der Stadt entgegen, zur Museumsinsel Bygdøy. Noch einmal vorbei an einem neuen Wohnviertel am Wasser auf dem Gelände einer alten Werft. Dann, nach zwei strahlenden Stunden an Bord, waren wir angefüllt mit Eindrücken und wurden wieder an Land gesetzt. Es war herausragend schön!

Die verstoßene Glocke

Hinter dem Rathaus hängt sie, an einem Stahlseil, das zwischen zwei Masten an der Honnørbrygga gespannt ist: Die verstoßene Glocke.

Offiziell heißt sie wohl „die verstimmte Glocke" und gilt als Soundinstallation. Ich finde, es ist ein geniales Kunstwerk, poetisch, politisch und musikalisch dazu. Dabei begann es mit einer Ausmusterung im Jahre 1949. Zur 900-Jahrfeier Oslos stellte man fest, dass die Glocke wohl nicht recht zu den anderen passte. Sie hatte nicht die rechte Stimmung. Man nahm sie aus dem Glockenstuhl und ersetzte sie. Fortan stand sie auf dem Boden. Lautlos.

Dann endlich fiel sie einem Künstler auf: A K Dolven. Der nahm sich der Glocke an, säuberte sie und hängte sie zwischen die Masten, ihren Kolleginnen gegenüber. Und er brachte einen Mechanismus an, ein in den Boden eingelassenes Fußpedal, das die Glocke ertönen lässt.

Die Glocke steht nun als klingendes Sinnbild für die Integration der Ausgestoßenen und erklingt an schönen Tagen vermutlich öfter als die Glocken im Rathaus.

Land der langen Schatten

Besucht man Oslo im Oktober und hat nur ein wenig Glück, erlebt man den Fjord und die goldenen Wälder dahinter im weichen Licht der nordischen Herbstsonne. Ich sitze mittags am Hafen vor dem Rathaus und habe dieses Glück.

Da fällt mir auf, dass die Sonne, Mittag hin oder her, sonderbar träge ist und sich nur ein bescheidenes Stück auf den Zenit zubewegt. Trotz der Tagesmitte werfen alle Gestalten lange Schatten. So war es für mich eine eigenartige Stimmung auf dem Platz, ein eher nachmittägliches Licht, das nicht zur Tageszeit passen wollte.

Wie ist es wohl im Hochsommer, wenn die Sonne mittags weit höher steigen darf und länger scheint, als man es bei uns kennt? Ich hege den Verdacht, dass schon der Breitengrad Norwegen zu einem verzauberten Ort macht.

Bygdøy

Wer Oslo besucht, lernt sehr rasch dieses Wort, das eine Halbinsel im Südwesten der Innenstadt bezeichnet. Sie wird als die Museumshalbinsel beworben.

Das ist nicht falsch, denn auch wenn das vielleicht für manchen interessanteste Museum, das der Wikinger, noch auf Jahre wegen Umbau geschlossen ist, kann man immer noch vier andere besuchen, und jedes von ihnen ist toll: Da ist das Volke-Museum, ein weitläufiges Museumsdorf, wo man dem traditionellen Leben in Norwegen nachspüren kann. Dieses Museum musste ich beim ersten Besuch leider aussparen.

Und dann, am nordwestlichsten Zipfel der Landzunge, sind gleich drei Museen versammelt, die man nicht versäumen sollte: das nationale Seefahrtsmuseum, das Kon-Tiki-Museum und das Fram-Museum.

Doch Bygdøy ist noch weit mehr als nur ein abzuhakender Museumsstandort auf der touristischen To-do-Liste.

Es ist ein exklusives Wohngebiet, wo man vom Bus aus tolle Anwesen sieht, manche mit privatem Tennisplatz. Auch der König von Norwegen wohnt hier, zumindest im Sommer, denn hier steht seine Sommerresidenz. Daneben ist seine königliche Domäne, ein Musterbauernhof und Norwegens größte Biomolkerei. Auch das Holokaustzentrum findet sich hier, und Oskarshall, ein im Sommer geöffnetes Lustschloss aus dem 19. Jahrhundert. In Huk ist schließlich noch ein beliebtes Strandbad. Vor allem aber ist es ein zauberhaftes Fleckchen, um den Fjord zu genießen.

Man sollte sich Zeit nehmen und diese Halbinsel in Ruhe erkunden. Beim nächsten Besuch werde ich mir mehr Zeit nehmen.

Die Einrichtungen auf Bygdøy

NORSK VOLKE MUSEUM geöffnet:
    Mo - Fr   11 bis 15 Uhr.
    Sa & So   11 bis 16 Uhr.

OSKARSHALL
    Nur im Sommer:
    Mi – So: 11 – 16

HOLOKAUSTZENTRUM
    täglich   10 – 18 Uhr

NORWEGISCHES SEEFAHRTSMUSEUM, täglich
    Okt. – Apr,   11 – 16 Uhr
    Mai – Sept.   10 – 17 Uhr

KON-TIKI MUSEUM, täglich
    Sept – April   10 –17 Uhr
    Mai – Aug   10 –18 Uhr

FRAM MUSEUM, täglich
    Sept – Mai   10 – 17 Uhr
    Jun – Aug   10 – 18 Uhr

Drei Museen und ein Park

Als ich an der Busstation auf Bygdøy ankam, strömten die Passagiere sofort im Pulk ins Fram-Museum, folgsam den Reiseführerempfehlungen folgend und blind für die restlichen Schönheiten. Ich aber sah den Fjord zwischen den Museumsgebäuden und hörte ihn rufen.

Tags zuvor hatte ich ihn schon vom Boot aus erlebt, in der Sonne. Nun war der Himmel grau, die Luft feucht und das Wasser zeigte andere Farben und Stimmungen. Ich trocknete mir ein Fleckchen auf einer Bank und setzte mich. Auch bei diesem trüben Wetter fand ich es hier sehr reizvoll und habe es genossen.

Nach einer Weile nahm ich mir das nationale Seefahrtsmuseum vor. Um dem lokalen Brauch zu folgen, Preisnachlässe mitzunehmen, zeigte ich meinen Rentenausweis vor und löste gleich für alle drei Museen ein gemeinsames Ticket. Diese Kombikarte gilt zwei Tage lang. Das ist sehr angenehm, da man so aus den Museumsbesuchen keine Stresstour machen muss.

Das Museum ist verklinkert und ein interessanter Bau, eher flach. Die Horizontalen dominieren. Die Ebenen des Gebäudes sind wie ein unregelmäßiger Buchstapel gegeneinander verschoben. So spiegelt es spielerisch die allgegenwärtigen Felsen im Fjord, die sich bei näherem Hinsehen ebenfalls horizontal geschichtet präsentieren und in unregelmäßigen Bruchkanten verwittern.

Innen ist es ein weitläufiger Bau, ein wenig unübersichtlich, aber durchaus reizvoll. Lange Rampen ersetzen hier Treppen. Die Ausstellung ist kleiner, als ich es erwartet hatte, aber sehr anschaulich und gut aufgemacht. Man wird nicht erschlagen und überwältigt von zu vielen Ausstellungsstücken. Man kann die Exponate alle mit Muße betrachten und würdigen. Das Museum beherbergt übrigens gleich zwei Werkstätten: eine zur Restauration und eine weitere für Nachbauprojekte. Derzeit entsteht da ein Wikingerboot in mittelalterlicher Technik. Auch eine museumspädagogische Kinderbastelstube gibt es und ein Café.

Anderntags nahm ich mir die beiden anderen Museen vor. Man sollte dabei mit dem Kon-Tiki-Museum beginnen. Das Museum widmet sich Thor Heyerdals tollkühnen Reisen, mit denen er die Geschichtswissenschaft aus den Studierstuben holte und den experimentellen Historikern den Weg ebnete.

Es ist ein schönes Museum, stimmungsvoll und ebenfalls gut aufgemacht. Es wird der selbst gestellten Aufgabe gut gerecht. Doch es sind hauptsächlich zwei Exponate – das Balsaholzfloß Kon-Tiki und die Ra II, das Schilfboot. Mit dem einen überquerte er den Pazifik, mit dem anderen den Atlantik. Dass das Museum im Schatten des Fram-Museums steht, liegt nicht an der

Ausstellung hier, sondern nur an der überragenden Inszenierung beim Nachbarn.

Das markante Fram-Museum mit seinem bis zum Boden reichenden Dach wurde 1936 um das gleichnamige Polarforschungsschiff buchstäblich herumgebaut. Das inzwischen komplett überholte und neu aufgemachte Museum ist ganz und gar den Polarforschern Fridtjof Nansen, Otto Sverdrup und Roald Amundsen gewidmet.

Wie stolz die Norweger auf diese Idole sind, ist kaum in Worte zu fassen. Man muss es erleben. Sie werden aber nicht als markige Helden gefeiert, auch wenn man natürlich ihren Mut und Einsatz würdigt. Sympathischerweise stehen die eher zivilen und weniger heroischen Tugenden im Brennpunkt: wissenschaftliche Akribie, Organisationstalent und Kameradschaft. Auch die Begegnungen mit den Inuit auf Augenhöhe ist ein großes Thema der Ausstellung.

Das große und begehbare Schiff steht aber buchstäblich im Mittelpunkt. In das

Dach darüber wird komplett eine Videoshow projiziert, die dem Besucher die Reise ins Eis und sogar einen Sturm erleben lässt, so eindrucksvoll, dass mein Innenohr vom vorgegaukelten Seegang ordentlich getäuscht wurde. Auch unter Deck wird die Illusion fortgeführt und man hört aus versteckten Lautsprechern überall das knackende Eis und die knarzenden Planken.

Es ist überwältigend und großartig. Um das Museum wirklich angemessen würdigen zu können, empfiehlt es sich, sich zuvor aber ein klein wenig über die Polarforschung schlau zu lesen. Dann hat man noch mehr von diesem spektakulären Museum.

Alle Museen, die ich besuchte, hatten Museumsshops mit meist gut sortierten Buchregalen und touristischem Tand. Die für mich persönlich größte Sensation befindet sich aber hinter dem Fram-Museum. Hier ist ein kleiner Park angelegt, und ich hatte das Glück, dass ich ihn in einem sonnigen Stündchen erleben konnte. Von den

Touristen finden nur wenige her. Sie streben allzu zielstrebig in die Museen und dann, wenn sie sich müde gesehen haben, wieder direkt zur Bushaltestelle zurück.

So ist dieser Park ein erstaunlich ruhiges Fleckchen am Wasser, idyllisch und friedlich. Genau der richtige Ort, um dem Fjord die Reverenz zu erweisen, das Gesehene in die Seele sickern zu lassen und die Aussicht zu genießen.

Meer ohne Salzluft

Ich liebe diesen Fjord und bin so oft am Wasser, wie es mir möglich ist. Dennoch fiel mir etwas erst mit zeitlicher Verzögerung auf: Es ist zwar ein Meeresarm, doch darüber weht Binnenluft.

Seeluft hat etwas Eigenes, einen herben Duft und den Geschmack nach Salz und Jod. Sogar in Hamburg kann man das ab und an spüren. Oslo liegt noch etwas weiter im Landesinneren, doch ist das Land nicht so flach.

Vielleicht brechen die Hügel und Berge entlang des Fjords die Seeluft und reinigen sie anders als es die flache norddeutsche Küste kann. Auch ist das Wasser weniger salzig als in der Nordsee. Es gibt ja einige Flüsse, die Süßwasser eintragen und der geringe Tidenhub von nur 20cm trägt auch dazu bei, dass das Fjordwasser nur langsam ausgetauscht wird.

Bygdøy-Elfchen

Steg
am Fjord,
in herbstlicher Sonne.
Rasten an Oslos Ruhepol.
Herrlich.

Busfahren

Auch die Busse sind in Oslo gepflegt und leiden weit weniger unter Vandalismus als in Deutschland. Wenn sie manchmal ein wenig gammelig wirken, so sind das die Spuren der häufigen Nutzung und keine Foltermale. Sie bringen einen in der Stadt dorthin, wohin Züge und Tramway nicht hinfahren.

Die etwas älteren Busse sind hier und da ein wenig klapprig und ächzen in den Kurven. Aber auch sie sind gepflegt und sauber. Die neuen Busse haben sogar neben den Sitzen USB-Anschlüsse, damit man sein Smartphone laden kann. Da man hier das Smartphone tatsächlich braucht, ist das ein wichtiger Service, den man auch gerne annimmt.

Die Busfahrer habe ich durchwegs freundlich erlebt, und doch gibt es bei ihnen gewisse Unterschiede. An manchem ist beispielsweise ein Rallyefahrer verloren gegangen. Natürlich ist Skandinavien das El Dorado des Rallyesports und gewiss weiß man hier rasende Flitzer, Kurvendrifts und über Buckel springende Fahrzeuge sehr zu schätzen. Ich bezweifle aber, ob ein Gelenkbus dafür geeignet ist, auch wenn Bodenschwellen sich immer wieder als Sprungschanze anbieten.

Im Bus stehend zu fahren ist immer schwierig. Auch bei den Busfahrern, die nicht für die nächste Omnibusrallye trainieren. Wer in Oslos Stadtbussen nicht festen Halt sucht - und ich meine wirklich *festen* Halt - der geht meist binnen kürzester Zeit zu Boden und kommt bis zum nächsten Stopp auch nicht mehr auf die Füße.

Die Dame mit dem Koffer

Eng ist es im Bus.
Kaum ein Durchkommen.
Stoßzeit im wörtlichen Sinne,
auch für die Dame
mit dem Koffer.

Sie schubst nicht,
drängelt nicht.
Sie wartet lächelnd,
bis eine Lücke entsteht und sie
zwei Schritte weiter kommt.

Endlich ein Sitzplatz,
kaum Platz genug.
Sie lächelt und bändigt ihren Koffer.
Der würde gern auf der Holperfahrt
Mitreisende zu Boden werfen.

Die Fahrt strengt sie an.
Sie lächelt es weg.
Glücklich ist sie nicht, man sieht es,
doch zeigt sie keinen Verdruss,
sondern ein stilles Lächeln.

Ein Lächeln, das etwas wärmer wird,
als sie aussteigen kann.
Deutschland hätte Ärger gezeigt,
mit übler Laune die Welt bevorwurft.
Norwegen lächelt …

„Stille Sone"

Es fiel mir erst auf, als ich zufällig in einem saß, doch es war ein sehr angenehmer Eindruck, den ich so ganz ohne Absicht gewann: Es gibt in den Osloer Nahverkehrszügen Abteile, die als „Stille Sone" ausgewiesen sind, als stille Abteile. Hier wird nicht geplappert, auch nicht telefoniert, Musik hört man allenfalls für alle anderen lautlos über Kopfhörer und selbst die Fahrkartenkontrolle geschieht, soweit möglich, lautlos, mit freundlichen Blicken und stummem Nicken.

Hier herrscht eine entspannte Ruhe, die sich mitteilt und überträgt. Mir scheint, hier wird sogar weit weniger auf dem Handy gedaddelt. Man liest hier mehr, arbeitet schon etwas auf dem Laptop oder man sitzt still da und hängt den Gedanken nach. Das vor allem. Ein Reisender aus dem fernen Süden dichtet sogar ein kleines Poem, ein

Gedanke, der ihm in einer Münchner S-Bahn niemals käme.

Ich kann mir durchaus vorstellen, dass diese stillen Abteile auch in Deutschland bei vielen gut ankämen. Doch ... ob sie auch mit unserer Mentalität so funktionieren würden? Da habe ich meine Zweifel. Wir können viel von Norwegen lernen. Doch wir sollten bei den Basics anfangen, wie der Wertschätzung und Achtung öffentlicher Einrichtungen.

Rasanter Herbst

Die Geografie macht Skandinavien in mancherlei Hinsicht zu einem Land der Extreme: Mitternachtssonne, echte Winterkälte und Eisgang auf den wichtigen Wasserverkehrswegen kennt man bei uns nicht. Auch wenn Oslo recht weit im Süden Norwegens liegt, so dauern manche Wintertage von Dämmerung zu Dämmerung nur sechs kurze Stunden. Alle Kinder ab dem 4. Monat sollen darum Vitamin D zu sich nehmen. Verpackt als Frühstücksgummibärchen nehmen sie es gern.

Im Sommer sind es dann die Nächte, die so knapp bemessen sind. Ich war im Herbst in Oslo. Anfang Oktober, kurz nach dem Äquinoktium, wenn die Tage langsam kürzer werden als die Nächte. Ich war nur eine Woche da, doch schon nach drei Tagen fiel mir auf, wie viel rascher hier die Jahreszeiten wechseln als in Deutschland. Die Birken waren nur teilweise gelb, als ich kam, zumeist waren sie in einem müden Grünton belaubt. Auch die anderen Sträucher und Bäume hatten eben erst begonnen, sich in ihr buntes Herbstkleid zu werfen.

Nur zwei Tage später endete der Frühherbst jäh mit dem dunklen, flammenden Rot der Essigbäume. Die Birken hatten inzwischen alle das Gelbe aus dem Schrank geholt und auch die Kollegen im Wald kleideten sich nun in den verschiedenen Schattierungen von Goldtönen. Nun war - ratzfatz und unvermittelt - der goldene Oktober angebrochen.

Nur ein weiterer Tag und eine kühlere Nacht, doch von Frost noch weit entfernt, und schon begannen an meinem sechsten Tag die Bäume mit ihrem Laub den Boden ringsum zu vergolden. Nun war der frühe Spätherbst angebrochen.

Es kommt mir vor, als wechseln hier die Jahreszeiten im Zeitraffer, drei- bis fünfmal schneller als ich es kenne. Da ich nun darauf achte, stelle ich fest, dass sich in der einen Oktoberwoche meines Hierseins die Tage weit stärker verkürzt haben, als ich es gewohnt bin.

Es stört mich nicht, ich stehe nur da, genieße den raschen Wechsel und staune … und ich mache Fotos.

Bunte Häuschen

Fährt man auf dem Fjord oder geht man ein wenig aufs Land, dann sieht man sie: die kleinen bunten Häuschen. Das typische Haus des südlichen Norwegens. Unter dem Satteldach befinden sich meist zwei Etagen. Auf den Schären im Fjord sind sie meist kleiner, besonders, wenn es sich um Ferien- und Wochenendhäuschen handelt.

Alle scheinen ausnahmslos weiß gefasste Sprossenfenster zu haben, in ihrer Fassade zeigen sie aber Mut zur Farbe. Viele sind blassbraun, blassgrün oder beige, doch besonders im Fjord sind sie gerne auch knallig, in kräftigen Farben gestrichen, rot, gelb, grün und blau, sogar violett sah ich.

Ihre Fassaden sind aus Holz und erfordern Pflege, die man ihnen aber offenbar gerne angedeihen lässt. Alles Streichen kann aber nicht verhindern, dass man die Fassaden irgendwann erneuern muss.

Stadt und Land

Es ist mir schon auf dem Holmenkollen aufgefallen und später auf dem Fjord auch noch einmal: Der Übergang von der Stadt zum Land ist in Oslo recht unvermittelt.

Die Stadt schmiegt sich an das Ufer des Fjords. Hier zieht sie sich tatsächlich in die Länge und die stadtnahen Inseln und Halbinseln sind auch dichter besiedelt. Nur ein paar Kilometer weiter sind plötzlich nur mehr vereinzelt Dächer zu sehen. Schon dicht vor der Stadt beginnt der ländlich geprägte Raum. Einen dichten Teppich von Siedlungen gibt es hier nicht.

Eine Ausnahme muss ich einräumen: Nach Osten, in Richtung Lillestrøm, dehnt sich die Metropole dann doch aus und Lillestrøm ist sicher nur deshalb Norwegens Gemeinde, die am raschesten wächst, weil sie wegen der guten Zugverbindung tatsächlich eine Art Trabantenstadt ist.

Doch von Lillestrøm abgesehen beginnt hinter den Stadtgrenzen Oslos unvermittelt und beinahe ansatzlos das „platte Land" mit viel Wald, Felsen und auch Feldern, wo immer es möglich ist. Hier prägen dann Bauernhäuser das Bild. Man kann es schön sehen, wenn man die paar Kilometer zum Flughafen mit offenen Augen fährt.

Es mag daran liegen, dass in Norwegen nur knappe 5,5 Millionen Einwohner auf 385.000 Quadratkilometern leben, davon 700.000 allein in Oslo. Deutschland ist mit knapp 360.00 Quadratkilometern kaum kleiner, hat aber 84 Millionen Einwohner.

Dies sind also ganz andere Voraussetzungen, dazu eine andere Geo- und Topologie … all das erklärt den fehlenden Speckgürtel, den die Erdkundebücher lehren.

Dieses ganz andere Verhältnis von Mensch und Land erklärt wohl auch manche anderen Eigenarten der Norweger … aber nicht alle.

Freundliche Norweger

„Vor der Wut der Nordmannen bewahre uns, o Herr." So beteten einst in Englands Klöstern die frommen Männer und Frauen. Angesichts der fortgesetzten blutigen Wikingerüberfälle mit Brandschatzungen und Vergewaltigungen eine verständliche Bitte. Die Zeiten haben sich geändert.

Dass Norwegen ein freundliches Land ist, lernte ich ja schon bei meiner Ankunft auf dem Rollfeld. Der erste Eindruck blieb ungetrübt erhalten. Kaum war ich angekommen, behauptete mein norwegischer Neffe mit einer guten Portion Lokalstolz, die Norweger wären das freundlichste Volk der Welt.

Ich gestehe, ich kenne längst nicht alle Völker des Erdkreises, und doch bin ich bis auf Weiteres geneigt, meinem Neffen zuzustimmen. Die Norweger sind außergewöhnlich freundlich.

Hier zeigt auch keiner in der Öffentlichkeit schlechte Laune. Man trägt sie nicht zur Schau. Es können sich natürlich nicht alle Norweger, die ich traf, gleichmäßig gut gefühlt haben. Auch sie haben Sorgen oder Schmerzen, und sicher läuft auch ihnen mal eine Laus über die Leber. Ihren Dienst am Mitmenschen versieht man hier aber trotzdem mit ruhiger Freundlichkeit. Man bestraft die Umwelt nicht mit dem eigenen Grant, nur weil man nicht gut drauf ist. In Deutschland ist das Gang und Gäbe. Hier nicht.

Wenn man übrigens die Freundlichkeit der Norweger seinerseits mit einer kleinen Geste erwidert, es kann ja auch auf Englisch sein, kann man oft ein strahlendes Lächeln geschenkt bekommen oder interessierte Rückfragen über das Woher und die gesammelten Eindrücke.

Landsleute

Deutsche! Oslo ist voll von ihnen. Ja, ich bin auch einer von ihnen. Doch ich stapfe nicht mit einer Übersichtskarte in der einen Hand durch die Stadt, die andere mit einem dünnen Reiseführer bewaffnet, um lautstark die Welt wissen zu lassen, dass man schon alles Wissenswerte aus dem Buch kennt.

Ich lasse lieber die Stadt auf mich wirken. Ein bestimmter Typus meiner Landsleute gibt der Stadt dazu weder Zeit noch Gelegenheit. Lieber verbreitet der laut irgendwelchen Dummfug in einem Ton, der klarmacht, dass sich da einer besser auskennt als die Osloer selber.

Szene an der Bushaltestelle in Bygdøy – wörtlich wiedergegeben, leider ohne jegliche Übertreibung:

„Wo wollen wir denn nun hin, Werner?"

– Papiergeraschel mit Karte –

„Na erst mal mit dem Bus und dann in die Innenstadt von Norwegen."

Ach, wären meine lieben Landsleute wenigstens leise und zurückhaltend bei ihren peinlichen Auftritten. Aber nein! Auch nach mehr als 70 Jahren deutschem Massentourismus, nach 60 Jahren Neckermann-Reisen ... Man hat immer noch reichlich Gelegenheit, sich für diese „Botschafter" unserer Nation zu schämen.

Ich werde da ganz still, ziehe mich in mich selbst zurück, lächle, schweige und hoffe sehr, dass man mich vielleicht für einen Norweger hält.

Essen gehen und Sandwich

Wer stundenlang durch Museen bummelt oder durch die Stadt strawanzt, bekommt natürlich Hunger. Ich selbst mag es leicht. Einen Rucksack mit Fressalien mitzuschleppen, ist mir zuwider. Meist suche ich mir ein freilaufendes Mittagessen und orientiere mich an den Essgewohnheiten des Landes. Einen Happen aus der Rosticceria in Italien, in Ungarn einen Lángos oder eine Kolbász vom Stand. In der Regel ist es warm, fett, typisch und lecker.

In Oslo ist es anders, denn ich fand kaum Imbissbuden. Selbst Restaurants sind seltener. Wenn man in Gaststätten die ausgehängten Speisekarten studiert, stellt man rasch fest, dass man preislich den Snacklevel längst hinter sich gelassen hat. Da bietet man Entrecote an, Heilbutt oder Loup de Mer und alles wird nicht „mit" Beilagen gereicht, sondern „an". Natürlich ist es auch teuer, denn die norwegischen Preise sind ohnehin höher als die deutschen. Doch selbst wenn man den Preis außer Acht lässt, wäre es das falsche Lokal. Hier will man nicht mitten im Stadtbummel hereinschneien. Hier will und sollte man bewusst essen gehen.

Wenn man also die Restaurants nicht besuchen mag und es kaum Imbissbuden gibt, habe ich dann in Oslo gefastet? Nein. Man geht in einen der vielen Backshops oder eine Bäckerei und holt sich ein Sandwich. Die gibt es in verschiedenen Größen von Brötchen bis U-Boot und mit allerlei Leckerem belegt. Kaffee gibt es auch überall, und wenn man Glück hat, auch Tee.

Geld

Norwegen kommt mir teuer vor. Vieles kostet etwa das Doppelte wie zu Hause. Die Norweger stört es nicht. Sie verdienen auch entsprechend. Das Lohnniveau ist hier deutlich höher als bei uns. Da ist es kein Drama, wenn man mal für ein Glas Bier mehr als 10 Euro im Lokal berappt. Viele Norweger finden das sogar richtig.

Manches ist hier aber anders: So gibt es vielerorts, wo man Eintritt erhebt, auch großzügige Rabatte für alle möglichen Gruppen. Nicht nur Kinder bekommen Ermäßigungen, sondern auch Studenten, Mitglieder in Gewerkschaften oder einer der großen Genossenschaften. Selbst mit meinem deutschen Ausweis als Bezieher eine Hinterbliebenenrente konnte ich immer wieder den Museumspreis reduzieren.

Es gibt in Norwegen für so vieles so unterschiedliche Nachlässe, dass man jeman-

den, der immer den Vollpreis zahlt, für sehr
ungeschickt hält – oder für einen Touristen.

Einkaufen in Norwegen

Man kann manches über Land und Leute lernen, wenn man einkaufen geht. So begleitete ich meine Gastgeberin gerne einmal in den Supermarkt. Es fehlte nicht viel in Kühlschrank und Spind, sodass es kein großer Einkauf wurde, doch ein paar Impressionen konnte ich sammeln.

Norwegen ist beinahe bargeldlos. So braucht man weder Chip noch Münze, um an einen Einkaufswagen zu kommen. Apropos Einkaufswagen … während die bei uns inzwischen wieder etwas kleiner werden, sind sie in diesem Markt lang und sehr tief. Auch war der Markt trotz des Spätnachmittags nicht sehr voll. Ich vermute, dass die Norweger etwas seltener einkaufen und sich etwas mehr bevorraten.

Gleich nach dem Eingang findet man eine große Wand, wo man sich einen von Dutzenden Handscannern mitnimmt. Ich merke, ich bin nicht mehr in Neuland, ich habe das digitale Entwicklungsland verlassen und bin im Reich der modernen Datenverarbeitung angekommen.

Das Angebot ist unserem ähnlich, in Kleinigkeiten aber doch etwas anders. So ist bei uns unverpacktes Gemüse auf dem Vormarsch und Bio ein großes Thema. In Norwegen nicht, noch nicht vielleicht. Man mag es gerne verpackt und eingeschweißt. Haltbarkeit schlägt auch hier Ökologie.

Was in der Gemüsetheke liegt, ist traumhaft schön und knackig. Auch knackig teuer. Selbst wenn man Norwegens Preisniveau zugrunde legt. Dafür hat man aber beste Qualität und beim Verarbeiten kaum etwas, was man wegschneiden müsste. Das relativiert dann den Preis. Diese Topqualität ist natürlich Düngung und Helferlein aus den chemischen Labors geschuldet, wie überall sonst auch.

Vielleicht ist das auch ein Grund, weshalb Bio sich schwertut: weil die Ökoware optisch oft nicht mithalten kann. Doch ich war nur in einem Supermarkt. Die Eindrücke sind also nicht repräsentativ. Bio- und das Achten auf Nachhaltigkeit sind natürlich auch hier auf dem Vormarsch.

Alkohol fehlt, von Leichtbier abgesehen, völlig. Was mehr als 4 % Alkohol enthält, wird schwer besteuert und in Monopolläden verkauft. Immerhin sah ich allerlei Beerenweine, die wohl unter dieser Grenze liegen. Tabakwaren sah ich nicht. Sie werden wohl weniger auffällig und nur auf Nachfrage angeboten. Oder in speziellen Automaten, wo man auch verschreibungsfreie Medikamente ziehen kann.

Liegt es am weniger präsenten Angebot? Ich habe nur wenige Norweger beim Rauchen gesehen. Norweger konsumieren Tabak eher in Form von Snus, kleine Säckchen, die man sich hinter die Lippe klemmt. Rauchfreier Nikotingenuss. Beobachten konnte ich das leider nicht. In der Stadt sah ich aber immerhin einen noblen

Zigarrenladen mit einem – wie es aussah – angeschlossenen Rauch-Salon. Ein paar Liebhaber mag es also geben.

Hat man einen Artikel gefunden, einen Joghurt beispielsweise oder Brunost, scannt man das Gewählte, bevor man es in den Wagen legt. Ich Schussel hätte das wohl ein paarmal sicher vergessen, doch man gewöhnt sich gewiss auch daran. Vielleicht sind die Wagen auch deshalb so groß, damit man beim Einkaufen einen besseren Überblick über das Gekaufte hat und Vergessenes nachscannen kann.

Hat man seinen Wagen mehr oder weniger vollgeladen und seine Runde beendet, geht man nicht zur Kasse … es gibt stattdessen Abrechnungsstationen. Da liest man nur den Scanner aus, schiebt seine Karte ein, und nach der Pin-Eingabe kommt auch schon der Kassenbon. Ruckzuck geht das. Warteschlangen gehören hier zu den bedrohten Tierarten. Der Markt vertraut den Kunden und scheint gut damit zu fahren.

Es wird natürlich stichprobenartig kontrolliert, doch die allermeisten Norweger versuchen gar nicht zu behumpsen. Das Einkaufen ist so ganz einfach und sehr angenehm. Der Preis dafür ist Ehrlichkeit. Und den zahlen die Norweger wohl gerne. Das scheint überhaupt das Geheimnis dieses Landes zu sein: gegenseitiges Vertrauen und Ehrlichkeit. Und das setzt ein Vertrauen in das System voraus, das uns in Deutschland wohl verloren gegangen ist.

Geologisches

Ich bin zwar weiß Gott kein Geologe, noch nicht einmal auf Hobbyniveau, nur ein interessierter Laie. Doch der Unterschied zwischen Sediment- Tiefen-und Eruptivgestein ist mir geläufig. Manchmal erkenne ich ihn sogar, wenn ich einen Felsen sehe. Der Weg von meinem Interimszuhause zur Bushaltestelle führte auf etwa 400 Metern gleich zweimal an schönen Beispielen für offen liegendes magmatisches Tiefengestein vorbei – an Granitfelsen.

Skandinavien ist ein Unfall. Es entstand, als die Nordamerikanische Kontinentalplatte mit der Eurasischen zusammenstieß. Genau genommen ist die Vergangenheitsform nicht korrekt, denn der Unfall dauert noch an und die Berge rund um die meisten Fjorde wachsen noch immer und fördern ständig millimeterweise Plutonite wie Granit aus der Tiefe an die Oberfläche.

Am Oslofjord wirkt aber noch eine andere Kraft. Dieser Fjord ist ein gutes Stück älter als die meisten anderen Fjorde und Geologen würden ihn auch eher als einen wassergefüllten Riss bezeichnen. Hier schabte der glaziale Hobel geduldig die Berge flacher, machte die Täler weiter und die Landschaft offen.

So gibt es im Schärengarten des Fjordes nichts Schroffes. Die kleinen Inseln sind zwar Felsen, doch sie sind sanft gerundet, abgeschliffen und smooth. Das Gestein ist hier meist vulkanischen Ursprungs, doch immer gibt es auch Gesteine aus der Tiefe, oft durchzogen von großen, weiße Quarzadern. Man findet Granit, schwarzen Basalt, aber auch eher seltenere Eruptivgesteine, die Mineralogen erfreuen.

Mich aber begeistert mehr die Weite der Landschaft, die die eiszeitliche Abnutzung schuf. Die Berge in Ufernähe sind eher sanfte Hügel, die höheren Erhebungen prangen in ein paar Kilometern Entfernung. Nah genug, um noch Einzelheiten wahrzunehmen und doch so weit, dass man sich nie eingeengt fühlt.

Ich habe den Fjord vom Holmenkollen aus gesehen und war hingerissen. Jeden Ausflug in die Stadt verband ich mit einem Besuch des Wassers und bin begeistert von der Schönheit und dem landschaftlichen Reiz, den diese ganz eigene Verbindung aus Meer und Land hier schafft. Bei Regen, bei Sonne und Wind und ganz sicher auch in jeder anderen Wetterlage ist die Stimmung immer aufs Neue bezaubernd. Ich kann verstehen, dass die Osloer, die es sich leisten können, am oder sogar im Fjord wohnen wollen. Es ist ein zauberhaftes Fleckchen Erde.

So gesehen muss man Oslo, was immer man auch sonst von der Stadt halten mag, zu den schönsten Metropolen der Welt zählen.

Dünner Flaum über Fels

Fährt man über Land, zeigt sich Norwegen grün. Zumindest aus der Distanz. Kommt man näher, kann sich der Eindruck ändern. Plötzlich stellt man fest, dass der grüne Pelz hauchdünn ist, abgewetzt und oft genug auch durchgescheuert. Immer wieder sieht das Auge gewachsenen, blanken Fels die Pflanzendecke durchstoßen. Besonders in Hanglagen ist es auffällig. Hier treibt man, um Felsstürzen vorzubeugen, einigen Aufwand. Da werden Maschendrahtnetze über die Hänge gespannt oder ganze Bergflanken mit breiten Bahnen aus Sisalnetz bespannt. Es funktioniert. Hier wie dort wachsen kühne Kräuter, mutige Gräser und der ewig unverdrossene Pionier - die Birke. Was sich zwischen ihren Wurzeln an angewehtem Erdreich und Organischem einfindet, wird vom Wurzelwerk gehalten und zu einer neuen Schicht Mutterboden. Es ist ein langsamer Prozess und die Schicht ist nur dünn. Doch er funktioniert.

Ich kenne nur Oslo und ein wenig die Umgebung. Ob es überall so ist? Vermutlich nicht, doch wohl recht oft. Einen Acker zu bestellen, ist wohl nur an ausgesuchten Fleckchen möglich.

Oslo als Haiku

Alterslos modern,
echtes Lächeln überall,
freundliche Fjordstadt.

Oslo in grau

Immer kann die Sonne nicht scheinen. Heute ist es windig, der Himmel ist grau und immer wieder fallen ein paar Tropfen.

Mich schert es nicht und die Norweger schon gar nicht. Oslo ist bei jedem Wetter sehenswert. Wer sich über das Wetter beschwert, so heißt es hier, ist nur zu doof, sich ordentlich anzuziehen. Ein Sprichwort wird gerne angeführt: „Det finnes ikke dårlig vær, bare dårlige klær." (Es gibt kein schlechtes Wetter, nur schlechte Kleidung.)

Passend ausgerüstet schreckt den Norweger keine Witterung, weder auf dem Weg durch die Stadt, noch bei den Expeditionen zu den Polen.

Tatsächlich ist das Wetter aber bei meiner Reise weit besser, als ich es erwartet hatte. Der Wind ist heute kräftig, ja. Er hat den langen Fjord entlang Anlauf genommen, aber eisig ist er nicht, und von Nässe, die durch alle Fasern dringt, kann keine Rede sein. Auch wenn ich all das für möglich gehalten habe und dafür die passenden Klamotten mit hätte.

Ist das Wetter also besser als sein Ruf? Bin ich einfach ein Glückspilz? Ich weiß es nicht. Man kann sicher auch Pech haben. Aber kaum dauerhaft.

Ich möchte allen Oslobesuchern nahelegen, sich eher für drastisches Mistwetter auszurüsten und sich zu freuen, wenn das Wetter dann doch besser ist.

Moderne Architektur

Vorbei ist die Zeit, da Norwegen ein armes Land war. Öl vor allem bescherte dem Land Wohlstand und ein gewisses Selbstverständnis. Man mag die Traditionen, doch mindestens so wichtig ist Modernität.

So sind die Norweger inzwischen weit digitaler als wir, sie mögen es auch gerne modern im Stadtbild. Überall wird gebaut und Oslo zumindest gewinnt zusehends ein Bild, das vor allem von modernen Neubauten geprägt ist.

Doch bitte keine x-beliebigen Schachteln, nichts Langweiliges, was man schon Dutzende Male gesehen hat. Man wagt mutige, manchmal kühne Architektur und ist stolz auf sie. Das kostet natürlich ein paar Kronen mehr, doch offenbar kann man das bezahlen und ist auch bereit dazu.

Allem voran ist natürlich die neue Oper zu nennen. Bei der Wahl des Ortes stand

Sydney Pate – man baute das neue Opernhaus direkt ans Wasser im Hafen, wo es von Land und See ein spektakulärer Anblick ist – weiß, einem Eisberg nachempfunden, kantig, wuchtig und majestätisch.

Am Wasser gibt es eine Art breite Rampe, dem Wasser zugewandt, wo Besucher dem Fjord näherkommen und die Aussicht über den Hafen genießen können.

Links neben der Oper ist das Munch-Museum. Ein kühnes Haus, das ein wenig wie eine Schichttorte wirkt, wie es da mit 13 Stockwerken hoch aufragt. Die oberen sind kühn verschoben, vernichten die Symmetrie und geben dem Bauwerk eine Note von Mutwillen. Das Café dort oben will ich das nächste Mal besuchen. Der Blick aus dieser Höhe muss traumhaft sein. Und die Ausstellung will ich auch sehen.

Unweit der Honnørbrygga am Rathaus ist auf einem ehemaligen Werftgelände ein ganzes Neubaugebiet entstanden, Aker Brygge. Ein hippes Wohngebiet für die

Besserverdienenden, eine tolle Shoppingmeile, traumhaft am Wasser gelegen, mit eigener Marina, und auch ein kulinarischer Hotspot. Vielleicht leihe ich mir das nächste Mal einen elektrischen Tretroller und erkunde das Gelände.

An vielen Stellen habe ich Neubauten gesehen, und alle hatten etwas Besonderes, waren unverwechselbar und offenbarten eine originelle Idee. Nur ein Projekt finde ich ein wenig fragwürdig.

Wenn man mit dem Zug den Hauptbahnhof verlässt, ragt gleich rechts hinter den Bahnanlagen eine ganze Batterie von markanten Hochhäusern auf. Jedes für sich ist schön und ein Kunstwerk, doch sie sind schmal und stehen so dicht nebeneinander wie die Scheiben in einem Toastbrotständer, dass die Bewohner fürchten müssen, dass der Nachbar gegenüber ihnen die Wurst vom Brot nimmt, wenn er sich nur ein wenig streckt. Diese Enge ist durchaus beabsichtigt. Die Siedlung heißt Barcode und soll auf dem Stadtplan an eben so einen Balkencode erinnern. Diese Überlegung mag aufgegangen sein. Doch kommt mir die Bebauung so eng vor, dass ich für die, die dort wohnen und arbeiten, eher Nachteile sehe.

Dennoch, auch wenn das Ensemble einige wichtige Aspekte wie Licht und das Gefühl der Weite vermissen lässt, ist dieses Wohn-und Büro-Viertel eine der angesagtesten Adressen Oslos. Man schätzt es, in einem Kunstprojekt Quartier bezogen zu haben. Man muss seine Prioritäten setzen.

Wo sind die Motzköpfe?

Wenn in Deutschland das Wetter schlecht wird, oder wenn in München zum Beispiel der Föhn weht, wird lautlos ein Wettbewerb der hängenden Mundwinkel und missvergnügten Zeitgenossen ausgerufen. Das Teilnehmerfeld ist meist riesig und bestimmt das Stadtbild. Wo es nicht mehr genügt, verdrossen zu schauen, beginnt man zu schimpfen und schon die Fliege an der Wand kann verbale Ausfälle auslösen.

In Oslo möchte man fragen: Wo sind sie denn, die Motzköpfe?

Es scheint sie nicht zu geben. Die Norweger zeigen sich viel ausgeglichener und gelassener. Es ist vielleicht eine andere, positivere Einstellung zur Gesellschaft und eine andere Form von Anstand und Manieren.

Ich empfinde das als eine Wohltat. Es ist auf ganz unaufdringliche Art sehr angenehm, auch bei Schmuddelwetter durch eine Stadt ohne Motzköpfe zu gehen.

Aber sind die Norweger denn nicht auch mal geschafft von der Arbeit? Sind sie denn nicht auch müde, genervt oder einfach nur fertig nach einem langen Tag? Natürlich. Es sind auch nur Menschen.

Ich fuhr mit ihnen abends in den Vorortzügen zurück zu meinem Quartier in Lillestrøm. Ich konnte sie also auch beobachten, wenn sie erschöpft sind. Ich stellte fest: Der Norweger zieht sich in solchen Phasen gerne in sich selbst zurück.

Er sitzt dann entspannt in seinem Sitz, liest am Handy oder – häufiger noch – steckt sich einen Knopf ins Ohr und genießt Musik mit geschlossenen Augen. Um sich herum verbreiten sie eine kleine Zone der Privatheit, der Ruhe und Ungestörtheit. Und diese kleine Zone wird respektiert.

Es hat schon einen Hauch von Zen, wenn man in einem ganzen Abteil von müden Menschen sitzt, die in sich ruhen, jeder für sich, und, wenn sie auch vielleicht nicht meditieren, ruhig und in sich zurückgezogen nebeneinander ihrem Zuhause entgegenfahren.

Diese Ruhe überträgt sich von allein und so wird ein solches Abteil auch ohne die formelle Bezeichnung zur „stille Sone". Nur wenn kleine Kinder im Abteil sind, wird dieser Zauber gestört. Doch auch dann bleiben die Fahrgäste gelassen und still. Ich habe in einer ganzen Woche, in der ich viel unterwegs war, keinen Norweger gesehen, der sich über irgendetwas verärgert gezeigt hätte oder gar sich aufgeregt hätte. Das scheint den Norwegern nicht gegeben zu sein. Ein sehr sympathischer Zug.

Es wäre schön, wenn die Deutschen mehr wären wie die Menschen in Oslo.

Immobilien

In Norwegen ist vieles anders. So kann man rasch und problemlos ein Haus kaufen. Viel einfacher als bei uns. So kommt es, dass die Norweger oft vier oder sechsmal ihre Immobilie verkaufen, um eine neue zu erwerben, so wie es der aktuellen Lebenssituation entspricht.

Wie so vieles im öffentlichen Leben und in der Verwaltung ist vieles glasklar geregelt und transparent. Das Mindest-Eigenkapital ist vorgeschrieben, die Zinsen der Kredite werden zentral festgelegt und die Makler haften auf Jahre für die von ihnen vermittelten Häuser, sodass die Objekte kaum versteckte Mängel aufweisen.

Das alles führt zu einem sehr lebhaften Immobilienmarkt, der stark fluktuiert. Mit einem Studienkredit wird oft die erste Wohnung, ein kleines Apartment gekauft, von dem man sich wieder trennt, wenn sich ein Paar gefunden hat und zusammenbleiben möchte. Erweitern Kinder den Hausstand, kauft man die nächstgrößere Wohnung oder ein Häuschen, das mit der alten Wohnung finanziert wird. Wenn die Kinder aus dem Haus sind, kann man sich wieder verkleinern. Viele in Oslo kommen übrigens vom Land und wollen ihren Lebensabend wieder da verbringen, wo sie aufgewachsen sind. So ziehen die dann oft wieder aufs Land.

Mieten kann man Wohnungen auch, doch rund 80 %, so hörte ich, leben in eigenen vier Wänden.

Das System scheint uns ein wenig sonderbar, wo doch bei uns das eigene Häuschen der Lebenstraum ist, in dem man wohnt, bis man hinausgetragen wird. Doch für die Norweger funktioniert es gut so.

Oslo international

Man sieht viele Menschen in Oslo leben, einkaufen und arbeiten, die offensichtlich nicht von Wikingern abstammen: Inder, Afrikaner, Ostasiaten und viele nordafrikanische oder arabische Muslime haben hier ihre Heimat gefunden. Auch meine Gastgeber gehören zu den Zugezogenen, auch wenn man es bei Deutschen nicht so leicht erkennt.

Norwegen hat eine große Integrationskraft. Denn die Menschen wirken gut integriert in die Gesellschaft, besser als in Deutschland zum Beispiel. Oft sind es wohl Zugezogene der zweiten Generation. Das Schulsystem – eine Gesamtschule mit individueller Förderung, aber ohne Noten – scheint da sehr viel bewirkt zu haben. Man kann sich so kaum isolieren, findet so rascher Freunde und nimmt die neue Kultur besser an.

Dazu kommt, dass praktisch jeder hier Englisch spricht. Die sechs Millionen Norweger denken nicht, dass der Rest der Welt Norwegisch lernen wird, um sich mit ihnen zu verständigen. Schon in der ersten Klasse startet der Englischunterricht. Auch Film und Fernsehen sorgen für ein gutes Englischniveau, ein weit besseres als bei uns, denn Filme werden im Original mit Untertiteln gezeigt und nicht synchronisiert, wie zum Beispiel oft in Ungarn, einem Land mit ähnlich vielen Einwohnern.

Wie die Norweger politisch stehen, konnte ich nicht erkunden. Rassisten gibt es sicher auch hier. Ein Anders Behring Breivik braucht ein gewisses Umfeld, um sich so radikal zu entwickeln. Auch war eine rechtsnationale Partei vor einigen Jahren in der Regierung. Doch ist das die Regel? Spiegelt das den Durchschnitt? Ich glaube nicht. Ich erkenne aber eine große Integrationskraft im Land. Menschen mit verschiedensten Wurzeln und der verschiedensten Glaubensrichtungen scheinen gut und problemlos miteinander zu leben und zu arbeiten. Viele Busfahrer scheinen Sikhs zu sein. An der Ladentheke oder beim Billettschalter der Museen trifft man Muslimas mit schicken Kopftüchern, die Hand in Hand mit semmelblonden Nordmannstöchtern arbeiten. Beide fühlen sich als Norweger, sind Norweger und beide begegnen allen mit der wunderbarer Freundlichkeit dieses Landes.

Was die Integration angeht, scheinen sie hier manches um einiges besser gemacht zu haben als wir.

Sprachliches

Stolz war das siebentorige Theben und herrlich ist das himmlische Jerusalem, das man durch zwölf juwelgeschmückte Tore betritt. Oslo aber, dachte ich, übertrifft alle diese Städte. Mehr Tore hat keine Stadt. Das dachte ich.

Es dauerte eine ganze Weile, bis mir aufging, dass ich da einem Irrtum aufsaß. Oslo hat nicht viele Dutzend Tore. Hendrik-Ipsen-Gata war gar nicht das Hendrik-Ipsen-Tor, es bezeichnet nur die Hendrik-Ipsen-Gasse beziehungsweise -Straße. Da ich für Straße erst das Wort „Veien" kennengelernt hatte, war ich mental eine ganze Weile auf dem Schlauch gestanden und lachte, als mir mein Denkfehler während eine Busfahrt endlich klar wurde.

Wie das Deutsche gehört zwar auch das Norwegische zur germanischen Sprachfamilie, doch die Verwandtschaft scheint eher weitläufig zu sein. Ich kann immerhin erstaunlich viel lesen und zumindest rudimentär begreifen. Wer jedoch meint, sich mit ein paar niederdeutschen Brocken aus Plattdeutsch behelfen zu können, irrt sich gewaltig. Am ehesten ist Norwegisch mit dem Dänischen verwandt. Die Dänen können, so habe ich mir sagen lassen, fast alles lesen, doch beim gesprochenen Wort haben sie Schwierigkeiten. Die Schweden hingegen können die Norweger halbwegs verstehen, doch das Geschriebene macht ihnen Mühe.

Ich hingegen kann dem Norwegisch mit Vergnügen stundenlang zuhören, ohne ein einziges Wort zu verstehen. Schnelles Norwegisch klingt kantig und hat Härten. Spricht man die Sprache langsam, hebt der Sprecher die Stimme an unvermuteten Stellen oder verlängert Silben und die Sprache bekommt eine eigentümliche Melodie, fremd, aber angenehm. Dass Kuchen „kake" heißt und ein Homophon im Deutschen hat, ist ein unglücklicher Zufall. Nett ist auch, dass die Norweger König zu „Kong" verkürzt haben. So machte für sie der Titel des Filmklassikers „King Kong" wenig Sinn.

Der Kong/König ist übrigens weitgehend unsichtbar. Er und seine Insignien erscheinen nicht auf den Bahnen, nicht auf Briefmarken und auch Zusätze wie „royal …" fand ich kaum. Mit Münzen und Geldscheinen kam ich nicht in Kontakt, habe mir aber sagen lassen, er sei auf den 10- und 20-Kronenstücken abgebildet.

Dabei habe ich durchaus den Eindruck, dass die Norweger gerne in ihrer Monarchie leben. Aber eben auf ihre eigene Art, freundlich, unaufgeregt und auch der König übt norwegische Zurückhaltung.

Modernes Brauchtum

Freitag ist hier der „nationale Taco-Tag". Wie es kam, weiß ich nicht, doch in vielen Familien ist man am Freitag „Tacos", obwohl es eigentlich Burritos sind. Im Supermarkt gibt es dafür natürlich viele Saucen und Salsas. Manche Supermärkte machen speziell für den Taco-Freitag besondere Freitagsangebote rund um die Tex-Mex-Rolle und alles, was man dafür braucht.

Auch der Samstag hat bei vielen Familien ein Thema: Er ist der Pizzasamstag. Hier isst man die Pizza mit einem „Topping", einem milden „Ketchup" auf Sauerrahm-Basis. Ich habe es probiert. Kann man machen. Doch diesen Brauch werde ich nicht in den deutschen Alltag übernehmen. Die Vorstellung, in einer heimischen Pizzeria so etwas zu verlangen, erweckt im Kopfkino groteske Szenen mit entrüsteten italienischen Kellnern zum Leben.

Dass in vielen Familien der Speiseplan an zwei Wochentagen schon so festgelegt ist, ist seltsam. Manche finden es einschränkend und machen nicht mit. Andere finden es großartig. Es herrscht an diesen Tagen Klarheit und man vermeidet stundenlange Diskussionen mit dem mäkeligen Jungvolk.

Samstag ist in anderer Hinsicht auch noch ein Tag mit einem besonderen Essensbrauch: Es ist der „Naschtag". Norwegische Kinder werden mit Süßigkeiten kurz gehalten. Am Samstag aber dürfen sie und da dürfen sie es dann hemmungslos ausleben. Notfalls, bis sie kotzen. Oder bis nichts mehr da ist. Was meist eher der Fall ist.

Der norwegische Einzelhandel hält für diesen Brauch ein breites Sortiment an Konfekt bereit. Man nennt es „Lørdagsgodt" – Samstagsnaschzeug. Es ist meist einfaches Karamellkonfekt, Puffreis in Schokolade oder dick mit Schoko glasierte

Kekskugeln und ist sehr beliebt. Es geht hier eher um Masse statt Klasse. Das macht diese Naschorgien erschwinglich. Dazu gibt es neben Gummizeug à la Haribo noch leckere Hafreflarn, süße, dünne Haferplätzchen und ab dem Herbst Pepperkaker, eine Art Spekulatius – beide sehr lecker.

Kulinarisches

Da ich bei Verwandten wohnen durfte, die schon lange in Norwegen leben und sich den lokalen Bräuchen angepasst haben, durfte ich auch einige lokale Alltagsgepflogenheiten kennenlernen.

Man frühstückt hier ähnlich wie bei uns. Die Hauptmahlzeit nimmt man abends ein. Zwischendurch macht man aber ein „Lunsj" in der Kantine oder man holt sich ein Sandwich. Das sogenannte Mittagessen, „Middag", isst man aber am frühen Abend, meist zwischen 17 und 18 Uhr. Es ist meist eine warme Mahlzeit. Bei Bedarf oder Appetit gibt es nach 21 Uhr noch ein kleines Nachtmahl „Kveldsmat" aus Brot, Wurst, Käse und Rohkost.

Wurst und Käse fand ich lecker. Die „Servelat", eine Fleischwurst, ähnlich wie eine dicke Lyoner, hat einen Eigengeschmack, den man mögen sollte, doch zuwider ist er mir nicht. An Käse gibt es eine große Auswahl und durchwegs lecker.

Nur der „Brunost" - der braune Käse - ist mit ein wenig Vorsicht zu genießen. Man muss ihn nicht mögen, auch wenn viele ihn sehr lecker finden. Es ist eine sehr eigentümliche, seltsam süße Köstlichkeit und ein sehr traditionelles Produkt, geboren in den Zeiten, als die Norweger meist ein hartes und karges Leben führten. Anders als anderer Käse wird Brunost nicht aus Käsebruch, also aus geronnener Milch hergestellt. Man nimmt das, was übrig bleibt - die Molke. Die kocht man ein, bis der Milchzucker in ihr karamellisiert. Dann gibt man noch etwas Milch oder Sahne dazu, gerne auch von Ziegen. Durch die Reduktion entsteht die braune Färbung und charakteristische Süße, die mich ein wenig an Kondensmilch erinnert.

Die Norweger, vor allem die Kinder, lieben den Brunost. Man isst ihn auf Brot oder auf Waffeln. Ich schätze ihn als regionale Spezialität, kann aber verstehen, wenn man ihn nach einem Versuch den Liebhabern überlässt.

Ach ja … Brot. Da wir Deutschen im Ausland fast alles Essbare toll finden, aber immer unsere Lobeshymnen auf die lokale Küche mit dem Seufzer „Aber ach, das Brot …" beenden, noch ein Wort hierzu: Es ist ganz ordentlich. Selten so knusprig, wie es sein könnte, gerne innen ein wenig wolkig, aber es gibt eine große Auswahl, auch Graubrote und dunkle Vollkornbrote. Geschmacklich sind sie gut. Daneben gibt es unter einer oft sehr dicken Zuckergussschicht eine reiche Auswahl an Hefeplundergebäck.

Oslos Feste Akershus

Hoch
überm Hafen,
Wächter auf Fels.
Behütet Stadt und Fjord
trutzig.

Ich,
hier oben,
sitze im Herbstwind.
Sehe tausenderlei Grau im
Wasser.

Wind
zerrt Jacke,
jagt weiße Schaumkronen
über das Wasser dahin.
Schauspiel.

Wild
wehen Haare.
Verblasen die Frisur
und ein wenig benieselt.
Egal!

Das Widerstandsmuseum

Hoch über dem Hafen ragt ein felsiger Höhenrücken. Auf ihm errichteten die Herrscher Oslos gegen Ende des 13. Jahrhunderts eine Feste zur Verteidigung von Stadt und Hafen. Noch heute ist es eine militärische Anlage und gleichzeitig eine touristische Attraktion.

Es war mein letzter Ausflug nach Oslo auf dieser Reise. Der Blick von oben auf den Fjord war auch bei Wind und grauem Schmuddelwetter großartig. An mehreren Stellen genoss ich noch einmal die überwältigende Schönheit.

Das eigentliche Schlossmuseum war leider zu, sodass ich es nicht besichtigen konnte. Doch es gab eine kleine, feine Ausstellung zu Königin Margarethe I. im Besucherzentrum. Sie lebte hier zeitweise auf der Festung, sorgte für bessere Versorgung der Bevölkerung von Oslo und wurde später die Regentin von Norwegen, Dänemark und Schweden.

Was ich auch sehen wollte und geöffnet war, war das „Norges Hjemmefrontmuseum", das Museum des Widerstands gegen die deutsche Besatzung. Man vergisst gerne, dass Norwegen im zweiten Weltkrieg durchaus nicht einfach friedlich besetzt war. Norwegens Armee kapitulierte zwar, doch gleichzeitig bildeten die Militärs eine Untergrundarmee, die in immer neuen Sabotageakten den Deutschen sehr zusetzte und so Truppen band, die an anderen Kriegsschauplätzen dringend fehlten. Der König war inzwischen mit den Goldreserven des Landes nach England geflohen und wandte sich immer wieder im Radio an sein Volk. So stärkte er auch politisch dem Untergrund den Rücken.

Die Ausstellung ist mit vielen kleinen Dioramen sehr anschaulich gestaltet, bietet aber auch viele Dokumente und Exponate und vermittelt ein differenziertes Bild, ohne je reißerisch zu werden oder gar in Heldenkitsch abzugleiten. Ich fand es sehr sehenswert, auch wenn ein wenig Vorbereitung den nächsten Besuch sicher noch lohnender macht.

Museum des norwegischen Widerstands
   täglich: 10 – 17 Uhr

Norwegens Nationalstolz

In Deutschland hat leider Patriotismus einen schalen Beigeschmack. Nicht, dass ich mich nach Zeiten sehne, wo man meinte, am deutschen Wesen könne die Welt genesen, oder gar Sympathien für engstirnige, rückwärts gewandte Hurra-Deutschland-Krakeeler am rechten politischen Rand hege – ganz sicher nicht.

Seine Heimat mag man in Deutschland lieben, Europa auch, aber die Nation? Das fällt oft schwer. Nach dem dritten Reich und der schmerzhaften Aufarbeitung ist das Verhältnis des Deutschen zu seinem Vaterland immer noch kompliziert. Jahrzehnte einer nicht gerade glücklich zu nennenden Politik, die die soziale Schere immer weiter öffnet und vielen Menschen vermittelt, man habe sie im Stich gelassen oder gar schon abgeschrieben, tut sein übriges. Den lange verwaisten Begriff des Patriotismus reklamieren nun die zerstörerischen Kräfte von rechts außen.

Das allgemeine Bild ist bei uns geprägt von eine skeptischen und krummen Sicht auf die Gesellschaft. Es gibt den Bürger und ihm gegenüber den Staat. Er ist der Antagonist, der dem Bürger etwas wegnimmt, Geld, Arbeit, die Freiheit, überall zu rauchen und vielleicht sogar noch auf Autobahnen zu rasen, wie man will.

Das inoffizielle Motto der 68er-Bewegung goss die Band „Ton Steine Scherben" in Worte: „Mach kaputt, was dich kaputt macht!" Der Punk der 80er setzte es dann flächendeckend und landesweit in die Tat um. Am leichtesten war das „System" angreifbar in den öffentlichen Einrichtungen. Beschmieren und Zerstören wurde zu einer Form des Protests und des angeblichen Widerstands. Das hat sich inzwischen zu einer Grundeinstellung verfestigt, die es gar nicht mehr ermöglicht, öffentliche Einrichtungen wertzuschätzen.

Ich musste erst nach Oslo fahren, um zu sehen, zu erleben und zu begreifen, wie krank diese Einstellung ist, wie unsinnig und wie dumm. Norweger erkennen, dass sie ihr eigenes Eigentum verwüsten, wenn sie Sitze schlitzen. Es ist ein Schaden, für den die öffentliche Hand aufkommen muss, und die ist die Hand jedermanns und damit auch die eigene.

Hier gibt es diesen Antagonismus zwischen Staat und Bürger nicht. Man hat Vertrauen in den Staat und der Staat wiederum vertraut den Bürgern. Das Vertrauen – beiderseits – geht viel weiter, als man im ersten Moment meint. Denn der Staat ist ungeheuer stark und für deutsche Datenschützer ein Albtraumland. Der Bürger ist in einer Art und Weise transparent, die uns Staunen abverlangt. Man kann einfach im Netz nachschauen, wie viel Geld der eigene Chef versteuert, der Nachbar, der Ministerpräsident oder sogar der König. In den gut verknüpften Datenbanken des Staates laufen alle möglichen Daten zusammen. Das macht das Leben manchmal lächerlich einfach. Will mein Gastgeber seine Einkommenssteuererklärung erstellen, geht er online, drückt einen Knopf und der Staat spuckt alles aus, Einkommen, Kinder und deren Freibeträge, Immobilien, Auto und andere relevante Daten – mit der Bitte, diese bekannten Daten zu prüfen, ob sich etwas geändert hat oder übersehen wurde. Meist stimmt alles – nur mehr unterschreiben und fertig!

Vieles ist so einfach. Kredite für ein Haus kann man binnen zwei Tagen abschließen, denn alles, was die Bank wissen will, ist nur ein paar Mausklicks entfernt.

Das ist für uns befremdlich, aber es funktioniert, denn alle sind gläsern, und keiner will gern unnötigerweise durchleuchtet werden. So ist es wohl eine stille gesellschaftliche Übereinkunft, dass man diese Freiheit nutzt, wo es das Leben einfacher macht, aber nicht aus purem Mutwillen oder um der reinen Neugier nachzugehen. Das erstreckt sich auch auf Behörden und den Staatsapparat.

Wann immer bei uns Daten angesammelt werden, erzeugen sie sofort Begehrlichkeiten und Sicherheitspolitiker wissen postwendend tolle Anwendungen der Daten, für die diese gar nicht vorgesehen sind. Diese Begehrlichkeit gibt es so nicht. Der Staat will nur funktionieren und das reibungslos. Das wollen auch die Norweger. Und so kann der Staat seinen Bürgern vertrauen, ohne sie ausspitzeln zu müssen, so wie auch die Bürger ihrem Staat vertrauen können.

Wir können es in Deutschland so nicht umsetzen, nicht ohne über Generationen das verlorene Vertrauen wieder aufzubauen. Wir können es aber bewundern. Denn es funktioniert in Norwegen.

Norweger brauchen nicht paradieren, um Patrioten zu sein. Sie können und dürfen ihr Land lieben und ihm vertrauen, wie wir es verlernt haben oder nie konnten. Und sie werden belohnt mit manchen Annehmlichkeiten, von denen die Sauberkeit und der Komfort in Bussen und Bahnen nur die Spitze des Eisberges ist.

Kritikpunkte

Natürlich ist es komplett unsinnig, und es liegt nur an den sprachlichen Unterschieden. Wer bin ich, dass ich den Norwegern vorschreibe, wie sie sich in ihrer Muttersprache ausdrücken, dennoch hat es mich vor den Kopf gestoßen: Da deutet man in einem Café auf einen leckeren Apfelkuchen und die nette Bedienung legt ihn strahlend auf den Teller. "En epplekake!"

Eine sehr viel ernstere Kritik muss ich an einem anderen Punkt üben und da treffe ich ins Schwarze - es geht um den Kaffee. Nein, es ist kein Blümchenkaffee ... schön stark ist er schon und auch am Wasser ist nichts auszusetzen. Nur die Kaffeeröstungen für den norwegischen Markt treiben es eindeutig zu weit. Der Kaffee, den man hier kredenzt bekommt, ist heiß, aber gallebitter, und er hat einen fiesen, öligen Geschmack. So grenzt er an minderschwere Körperverletzung.

Ich war zum Glück gewarnt. Wer solch einen Sud aber unvorbereitet kostet, wäre versucht, den Giftnotruf anzuwählen, wenn man nur die Nummer wüsste.

Nationaler Giftnotruf:	+ 47 22591300
Allgemeiner Notruf:	+ 47 113

Ein letztes Mal Fjord

Es dauerte mehr als zwei Wochen, bis mir, längst wieder in Deutschland, endlich klar wurde, warum ich diese Landschaft mit dem Fjord so in mein Herz geschlossen habe. Vom ersten Augenblick an. Ich nahm es wohl wahr, fühlte es auch, doch kann ich es erst in der Rückschau in Worte fassen.

Es ist diese wunderbare Vereinigung von Land und Meer. An Küsten, die ich kenne, stehen sich Land und Meer gegenüber. Nicht unharmonisch, und doch gibt es zwei klare Bereiche: Die Weite der See und das feste, vertraute Land.

Hier am Fjord ist es anders. Tief dringt die See hier ein, das Land umarmt sie, und beide zusammen prägen die Landschaft. Beide geben hier das Schönste und Beste, was ihnen gegeben ist. Das Land stiftet seine weiten Höhen und die Wälder, die die

Szene prägen. Das Meer hingegen hat ein kleines Stück Horizont mitgebracht, gerade genug, um an seine Unendlichkeit zu erinnern, aber auch die Schönheit des Wassers und die wechselnden Farben der weiten Fläche der See und ihre beruhigende Kraft. Alles Wilde hat das Meer jedoch abgelegt und zurückgelassen, die wilden Wogen ebenso wie Gezeiten und tückische Strömungen.

Ich erkenne nun den Reiz der Landschaft endlich klar: Land und See sind hier ein Liebespaar, sind eins, in Harmonie verschmolzen in einem innigen Liebesakt.

Abschied auf dem Balkon

Relaxt
ein Viertelstündchen Sonne verdöst.
Das Wiederkommen geplant.
Nächstes Jahr.
Bestimmt!

Moment
vollkommener Entspannung.
Alles Erlebte sortieren.
Die wundervollen Tage sichten.
Nachhall.

Seele
voller Eindrücke beruhigt sich.
Es war herrlich.
Es bleibt
Vorfreude.

Vorhaben

Eine Woche ist zu wenig für Oslo, natürlich. Eine Woche reicht aber, um die Stadt kennen und lieben zu lernen. Ich will wiederkommen.

Und dann mir manches ansehen, was ich dieses Mal nicht schaffte oder wo ich mangelhaft vorbereitet war. Das Munch-Museum zum Beispiel oder noch einmal das Fram-Museum. Auch will ich mit den weißen Fähren ein wenig auf dem Fjord fahren und ein paar Außenbezirke besuchen oder eine Insel. Zu viel will ich aber gar nicht planen.

Es ist immer ein Drahtseilakt: Einerseits sieht man genauer und manchmal mehr, wenn man sich schlau gelesen hat. Andererseits wird so der Blick sehr gelenkt. Ich habe diesmal auch deshalb so viel gesehen und erlebt, weil ich unvorbereitet war und die Stadt auf mich wirken und zukommen lassen konnte. Ich war ganz offen und bemerkte so vielleicht Sachen, die ich mit dickem Reiseführer in der Tasche nicht bemerkt hätte.

Ich bin aber zuversichtlich, dass ich bei meinen nächsten Aufenthalt einen guten Mittelweg finden werde.

Nachtrag:
Interessant erscheint mir auch:
- das Paradox-Museum
- das Königliche Schloss
- die neue Bibliothek
- das Stadtmuseum
- das Geologische Museum
- …

Oh je … ich fürchte, ich sollte noch oft fahren.

Rückflug

Fensterplatz.
Davor der volle Mond,
unter mir schimmerndes Wasser.
Erst der Fjord,
dann der Belt.
Eine Stunde Genuss
durch ein kleines Oval.
Märchenlandschaft,
Grisaille in Nachtblau,
Silber und Schwarz,
gesprenkelt mit goldenem Flitter,
wo Menschen wohnen.
Ich verlasse ein Zauberland,
das mir als Gruß noch einmal
all seine Magie offenbart.

Nachschlag

Gibt es Breitengrad-Jetlag?

Zwei Tage nach dem Hinflug war ich müde und ging gerne früh zu Bett. Das schob ich damals auf meinen leicht angegriffenen Gesundheitszustand, der sich aber in Oslo deutlich gebessert hat. Nun wieder daheim bin ich schon wieder so müde.

Es muss der Breitengrad-Jetlag sein, ob es ihn nun gibt oder nicht.

Kofferpacken

Für Ihre Reise:

Wichtig:
- Kreditkarte, verknüpft mit dem
- Smartphone
- Ladegerät
- Englischkenntnisse

Nützlich im Herbst:
- ein Schal
- wasserfestes Schuhwerk
- Mütze
- ein Mikrofasertuch
  (um Bänke abzutrocknen)
- eine leichte Jacke
- dünne langärmlige Pullis

Bildnachweise

Alle Bilder bis auf die Karte auf Seite 22 sind bearbeitete Fotos, die ich bei meinem Aufenthalt selbst aufgenommen habe.

Der Ausschnitt der Karte stammt von der Seekarte des niederländischen Kartographen Gerad van Keulen aus dem 18. Jahrhundert. Das Original befindet sich in der Osloer Nationalbibliothek, die Aufnahme stammt von commons.wikimedia.org und ist aufgrund des Alters gemeinfrei.

Auch der Umschlag ist aus selbstgeschossenen Aufnahmen von mir gestaltet worden – mit zwei Ausnahmen: Das Bild von mir in der grünen Jacke nahm meine Nichte auf, danke für die Genehmigung. Der Hintergrund ist ein blaues Tuch, das der Pixabyuser Engin_Akyurt aufgenommen hat. Es ist nach CC0 frei verwendbar.